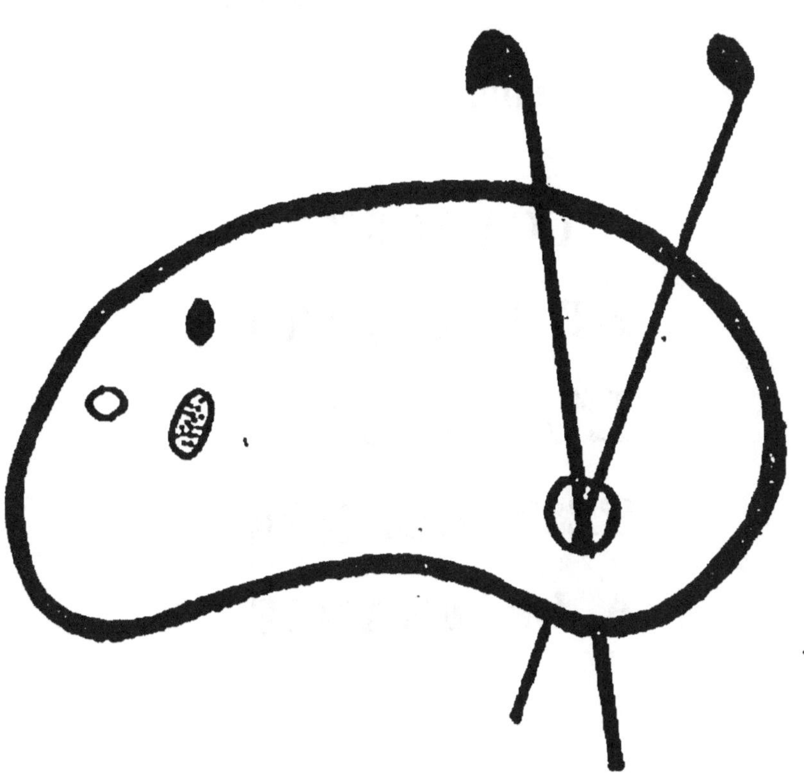

COUVERTURE SUPERIEURE ET INFERIEURE
EN COULEUR

PETITE BIBLIOTHÈQUE ALSACIENNE

CHR. PFISTER

COMMENT ET POURQUOI L'ALSACE S'EST DONNÉE A LA FRANCE

LIBRAIRIE BERGER-LEVRAULT
NANCY-PARIS-STRASBOURG
MCMXIX

PRIX NET : 2 FR.

L'Alsace et la France

Du même auteur :

COMMENT ET POURQUOI LA RÉPUBLIQUE DE MULHOUSE S'EST DONNÉE A LA FRANCE (*Petite Bibliothèque alsacienne*). 1919. Volume in-18 raisin . . 2 fr.

(Berger-Levrault, éditeurs.)

COMMENT ET POURQUOI L'ALSACE S'EST DONNÉE A LA FRANCE

CHR. PFISTER

COMMENT ET POURQUOI L'ALSACE S'EST DONNÉE A LA FRANCE

LIBRAIRIE BERGER-LEVRAULT

NANCY-PARIS-STRASBOURG

MCMXIX

COMMENT ET POURQUOI L'ALSACE S'EST DONNÉE A LA FRANCE

Le 1er mars 1871, après que l'Assemblee nationale, réunie à Bordeaux, eut vote les préliminaires de Versailles qui livraient à l'Allemagne l'Alsace et une partie de la Lorraine, Jules Grosjean demanda la parole et, au nom de ses collègues de la Moselle, de la Meurthe, du Bas-Rhin et du Haut-Rhin, lut une suprême protestation contre la cession d'un morceau de la France à l'étranger et termina par ces mots : « Vos frères *d'Alsace et de Lorraine, séparés en ce moment de la famille commune, conserveront à la France, absente de leurs foyers, une affection filiale, jusqu'au jour où elle viendra y reprendre sa place. » Il proclamait ainsi que l'Alsace et la Lorraine étaient intimement soudées à la France. Frères, famille commune, affection filiale, foyers, qu'on retienne tous ces termes : c'est là toute la question d'Alsace-Lorraine.*

Or, comment l'Alsace a-t-elle éte réunie à la France et pourquoi s'est-elle attachée à elle au point de se confondre avec elle, de devenir le sang de son sang, la chair de sa chair? C'est ce que nous voudrions rechercher.

I

Différences entre le traité de Munster et le traité de Francfort. — L'Alsace en 1648. — Les États catholiques et les États protestants. — L'Alsace se donne à la France pendant la guerre de Trente ans. — La politique française en Alsace de 1648 à 1673. — Changement d'attitude. — La prise de Strasbourg. — L'Alsace réunie tout entière à la France par le traité de Ryswick. — Les États alsaciens continuent de subsister jusqu'en 1789. — Indépendance de ces États. — Persistance de la langue allemande. — L'Alsace pays d'étranger effectif. — La politique religieuse de la France.

Les manuels d'histoire nous apprennent que l'Alsace a été rattachée à la France par le traité signé à Munster, en Westphalie, le 24 octobre 1648, et dès lors beaucoup de personnes se figurent qu'en 1648 les choses se sont passées comme lors de la signature en 1871 du traité de Francfort, dans l'ordre inverse. Mais quelles différences entre ces deux dates !

En 1871, la France a dû céder à

l'Allemagne un pays fortement uni et étroitement rattaché à elle.

En 1648, l'Alsace faisait sans doute partie de l'Empire germanique, mais fort lâche était le lien qui la liait à lui ; elle se composait d'une série d'États en réalité indépendants.

Ces États étaient de nature diverse. D'abord des États ecclésiastiques dont le plus important était l'évêché de Strasbourg. Les évêques de Strasbourg, seigneurs temporels, étaient maîtres dans la vallée de la Bruche, au nord de Strasbourg dans le Kochersberg et à Saverne, au sud à Benfeld et à Marckolsheim. Ils possédaient, dans la Haute-Alsace, le mundat de Rouffach avec Rouffach, Soultz et Éguisheim. Le chapitre de Strasbourg, distinct de l'évêché, commandait à Erstein et à Châtenois. Des abbayes, comme Munster, Andlau, Murbach, étaient souveraines ; l'abbaye de Murbach possédait Guebwiller, Wattwiller et Saint-Amarin.

À côté des ecclésiastiques, voici les seigneuries laïques. Dans la Basse-Alsace, il s'est formé quelques groupes assez compacts avec les Hanau-Lichtenberg autour de Bouxwiller, avec la maison de Deux-Ponts autour de Bischwiller, les Linange autour de Dabo ; mais beaucoup de ces seigneuries se réduisent à un ou à deux villages, et la liste en est fort longue.

En Haute-Alsace dominent les princes de la maison d'Autriche. Ils y possèdent directement un domaine étendu dont la capitale est Ensisheim et dont font partie Altkirch, Thann, Ferrette, Delle, Belfort. Le Val de Villé, dans la Basse-Alsace, la seigneurie de Massevaux en Haute-Alsace, d'autres terres encore, avaient été engagés par eux à divers seigneurs. Puis la maison de Habsbourg a réussi à faire reconnaître son autorité par la noblesse de la Haute-Alsace. Les seigneurs du Sundgau, les Reinach, les Freundstein, etc., et même au nord les Ribaupierre, avec leurs possessions de Ribeauvillé, d'Orbey, du Bonhomme, se sont ralliés à elle. Ils ont cessé d'être *immédiats* de l'Empire ; ils ne sont plus que *médiats*. Entre eux et l'Empire s'interposent les archiducs d'Autriche d'Ensisheim. Seuls, en Haute-Alsace, le comté de Horbourg et la seigneurie de Riquewihr, appartenant aux ducs de Wurtemberg-Montbéliard, gardent, sous l'autorité directe de l'Empire, une véritable indépendance.

L'Empire lui-même a conservé en Alsace quelques droits, avec la possession d'une moitié de la forêt de Haguenau et d'une quarantaine de villages autour de cette forêt. Ces droits, l'Empire les fait exercer par un *landvogt* ou grand-bailli, et, au début du dix-septième siècle, l'archiduc autrichien, qui est le maître à Ensisheim, est, en même temps, landvogt et seigneur des environs de Haguenau.

A côté de ces Etats ecclésiastiques et laïques, il y avait les seigneuries collectives, constituées par les villes impériales. Dix villes libres avaient formé une confédération qu'on appelait, de deux mots grecs, la Décapole. C'étaient Landau, Wissembourg, Haguenau, Rosheim, Obernai, Schlestadt, Colmar, Kaysersberg, Turckheim et Munster. Chacune de ces villes avait sa constitution particulière, fort compliquée. Ces villes étaient entièrement indépendantes ; le landvogt, au nom de l'Empire, devait seulement être présent au renouvellement annuel du Magistrat et touchait sur elles certains droits.

A côté de la Décapole, Strasbourg était une véritable république autonome : elle avait ses sujets, les habitants de Barr, de Wasselonne, de Schiltigheim, et, de l'autre côté du Rhin, ceux de Kehl. Elle avait sa monnaie, sa bannière, son armée ; elle faisait des expéditions militaires en son nom propre.

Enfin, enclavée en Alsace, au sud, était la ville de Mulhouse qui, au seizième siècle, avait contracté une alliance avec les cantons protestants de la Suisse et était réputée faire partie de la Confédération helvétique.

⚘

L'Alsace n'était ainsi, en 1648, qu'une mosaïque d'États très différents, sans centre commun, et, dans cette division extrême, l'âme de l'Alsacien s'émiettait.

L'Alsacien avait un patriotisme local très vif; il était attaché profondément à sa seigneurie, à sa ville, à son village; le citadin était fier de son indépendance et de ses libertés. Mais il n'y avait pas de patrie alsacienne, et à toutes les anciennes causes de discorde, la Réforme, au seizième siècle, en avait ajouté une plus profonde. Quelques-uns de ces États, quelques-unes de ces villes, embrassèrent le protestantisme. Strasbourg, qui avait lutté jadis pour sa liberté contre son évêque, devint protestante et se fit le champion de la nouvelle religion, lui fournissant quelques-uns de ses prédicateurs les plus illustres. Les villes de Wissembourg et de Munster, qui jadis s'étaient affranchies du joug de leur abbé, devinrent de même protestantes. Les Wurtemberg-Montbéliard, maîtres à Horbourg et à Riquewihr, les Hanau-Lichtenberg, beaucoup de petits seigneurs de la Basse-Alsace, se déclarèrent pour la Réforme et imposèrent leur nouvelle religion à leurs sujets. Le fossé entre les divers États alsaciens se creusa plus profond, les haines entre États de confessions opposées furent très vives. De plus en plus, l'Alsace devenait une simple expression géographique.

Et comment parler, à la fin du seizième siècle et au commencement du dix-septième, d'un patriotisme allemand en Alsace? On chercherait en vain les traces d'un tel sentiment. Les protestants d'Alsace redoutaient pour leur liberté de conscience le fanatisme, pour leur indépendance la tyrannie de la maison de Habsbourg.

Dès l'automne de 1633, les ducs de Wurtemberg invitèrent le roi de France Louis XIII à occuper leur château de Montbéliard et leurs terres alsaciennes de Riquewihr et de Horbourg; en 1634, le comte de Hanau-Lichtenberg ouvrait aux Français ses forteresses de Bouxwiller, d'Ingwiller et de Neuwiller; Colmar allait en 1635, par le traité de Rueil, se mettre sous la protection de la France. Et comme, depuis 1632, les Suédois commettaient en Alsace les plus épouvantables ravages, les États catholiques appelèrent contre eux les Français auxquels ils livrèrent Saverne, Haguenau, Schlestadt; finalement, tout le pays fut « mis en dépôt en la protection de Sa Majesté Très-Chrétienne ». La France n'a pas conquis l'Alsace; l'Alsace s'est donnée à elle avant que le cardinal de Richelieu soit intervenu directement dans la guerre de Trente ans.

Ainsi, en 1648, nous avons trouvé

une Alsace profondément divisée, rattachée à l'Allemagne d'un lien factice, se dressant en partie contre l'Empire, combattant l'Empereur ; en 1871, nous trouvons une Alsace unie, animée d'un patriotisme français très vif, très ardent et dont tous les fils ont lutté contre l'Allemagne. La différence, certes, est grande.

Et voici une seconde différence entre le traité de Munster et celui de Francfort. En 1871, du jour au lendemain, l'Alsace, avec une partie de la Lorraine, l'Alsace centralisée, l'Alsace tout entière, moins le territoire de Belfort, passe de la France à l'Empire germanique créé au profit de la Prusse. Que concéda, au contraire, le traité de Munster à la France ?

On ne l'a jamais bien su. Comme tous les traités avec l'Empire au dix-septième siècle, le traité de Munster est rédigé en un latin assez barbare et

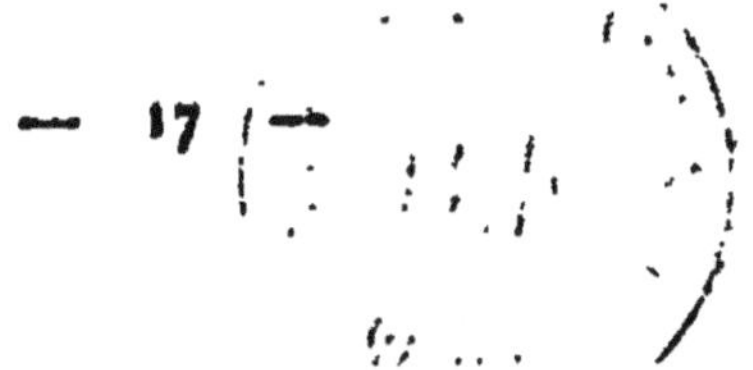

difficile à saisir ; les plénipotentiaires des deux partis avaient en plus rendu certaines clauses obscures à dessein, se réservant de les interpréter selon leurs intérêts et selon les circonstances. Certainement furent reconnus par ce traité à la France les possessions et droits suivants : 1° la place forte de Brisach sur la rive droite du Rhin avec quatre villages du voisinage qui formaient avec elle « la communauté de Brisach » ; 2° tous les territoires que possédait en Alsace la maison d'Autriche, tant ceux qu'elle détenait directement que ceux qu'elle avait engagés et aussi ceux qui avaient été « médiatisés », comme Ribeauvillé, au profit de la maison d'Autriche ; 3° les villages d'Empire autour de la forêt de Haguenau avec les droits que le landvogt exerçait sur la Décapole ; 4° le droit de tenir garnison dans Philipsbourg située sur la rive droite du Rhin en face de Spire. Jusqu'ici les historiens français et allemands sont à peu près d'accord. Mais nous pensons qu'en plus la France acquérait un droit véritable sur l'ensemble de l'Alsace, province géographique.

A cette cession de l'Alsace entière une grave réserve était faite. On garantit aux seigneurs immédiats de l'Empire, à la cité de Strasbourg, aux dix villes libres leur « immédiateté ». Tout en étant réunis à la France, ils restaient dans une certaine dépendance de l'Empire.

Et de fait, de 1648 à 1673, ces États continuèrent de payer les impôts d'Empire et ne payaient point d'impôt à la France : ils fournirent des contingents à l'armée d'Empire, envoyaient des représentants aux diètes impériales, faisaient juger en appel leurs procès par la Chambre de Spire. La France laissait faire ; c'est qu'elle n'eût pas été fâchée de tenir l'Alsace comme un fief allemand ; ainsi la Suède possédait Brême et une partie de la Poméranie. Le roi de France aurait eu voix au Reichstag, eût été plus libre encore que par le passé d'organiser des ligues et des confédérations avec les princes allemands ennemis des Habsbourg; et qui sait? peut-être un jour arriverait-il à se faire élire empereur par les sept électeurs largement stipendiés. Louis XIV, tant que les princes allemands demeurèrent dans son alliance, respecta l'immédiateté des seigneurs et des villes d'Alsace; mais, quand, au début de la guerre de Hollande, les princes allemands se furent déclarés contre lui, il changea résolument de politique.

En 1673, en pleine guerre de Hollande, il fit passer la province d'Alsace du département des Affaires étrangères dans celui de la Guerre; il accomplit un voyage à Colmar, en passant par le col de Sainte-Marie-aux-Mines et Ribeauvillé; il ordonna de démanteler les remparts des dix villes libres, et les soumit à son autorité, tout en respectant leur antique constitution.

En février 1679, par le traité de Nimègue, conclu avec l'empereur Léopold, Louis XIV renonça au droit de garnison à Philipsbourg, mais garda Fribourg-en-Brisgau qu'il venait de conquérir par les armes, ainsi que la route menant de Brisach à Fribourg. Puis, par deux arrêts du Conseil supérieur d'Alsace, siégeant à Brisach (22 mars et 9 août 1680), furent placées sous l'autorité royale toutes les seigneuries des princes immédiats de l'Empire situées en Alsace, ainsi que les territoires ruraux de la République de Strasbourg.

Des commissaires royaux parcoururent l'Alsace du nord au sud, et, aux portes des villes ou sur les façades des maisons de commune, ils mirent les fleurs de lys par-dessus les armoiries seigneuriales ou communales. Tous les fonctionnaires seigneuriaux ou urbains durent prêter serment au Roi ; les habitants furent contraints de payer régulièrement les impôts d'État. Il y eut appel des décisions de leurs tribunaux au Conseil supérieur, tribunal français.

L'année suivante, 1681, Louvois ordonna d'investir la ville de Strasbourg qui, par sa capitulation du 30 septembre, reconnut le roi de France pour son souverain seigneur et protecteur, et Louis XIV fit, le 23 octobre, dans la cité une entrée triomphale. Le traité de Ryswick, du 30 octobre 1697, stipule que désormais Strasbourg et toutes ses dépendances sur la rive gauche du Rhin seront cédées sans réserve et à perpétuité à la couronne de France ; son Magistrat est délié de tout serment envers l'Empire ; la ville est rayée de la matricule impériale. Louis XIV en revanche rend à l'Empereur Fribourg et Brisach ; il lui laisse Kehl qui était jusqu'alors une dépendance de Strasbourg sur la rive droite, et l'Empereur la cède au margrave de Bade.

Le Rhin forme désormais la frontière entre la France et l'Allemagne, comme au temps de César entre la Gaule et la Germanie. L'Alsace tout entière, l'Alsace géographique, appartient à la France.

Mulhouse seule continue de constituer, dans le pays, une enclave suisse, jusqu'à ce que, librement, le 15 mars 1798, elle se donne à la France.

Ainsi, en réalité, l'occupation de l'Alsace par la France ne fut terminée qu'en 1697 ; le traité de Ryswick a seul achevé, à quarante-neuf ans de distance, l'œuvre du traité de Munster du 24 octobre 1648.

Mais il y a encore une troisième différence entre le traité de Munster et celui de Francfort.

Aussitôt l'Alsace livrée aux Allemands en 1870-1871, on a vu se jeter sur elle une masse de fonctionnaires faméliques, employés des douanes, des postes, juges, kreisdirectors, que sais-je encore? Ils se sont installés dans l'Alsace comme en pays conquis; ils ont tenté de la germaniser; ils se sont montrés hautains et avides.

Le Gouvernement français a sans doute envoyé, en 1655, en Alsace un intendant; il a créé, pour rendre la justice, le Conseil souverain; il a nommé des gouverneurs de la province, et ici les choix furent malheureux : le premier gouverneur, le comte d'Harcourt, trahit et entra dans de louches négociations avec les Impériaux pour leur livrer la forteresse de Brisach; le second, Charles-Armand de La Porte, duc de Mazarin, fut un imbécile solennel.

Le Gouvernement français plaça aussi près des villes libres des préteurs royaux pour surveiller leur administration. Quand les impôts d'État se furent multipliés, des bureaux de recettes des finances furent établis. Mais tous les fonctionnaires locaux, baillis, prévôts, juges, etc., nommés par les seigneurs ou les villes, continuèrent à subsister, et furent les intermédiaires entre la France et les populations.

La France avait bien obtenu, par le traité de Munster, les terres possédées autrefois par la maison d'Autriche ou par l'Empire; mais elle eut le grand tort de s'en dessaisir.

En décembre 1659, pour récompenser le cardinal de Mazarin de la signature du traité des Pyrénées, Louis XIV lui accorda le comté de Ferrette, les seigneuries de Belfort, Delle, Thann, Altkirch, Isenheim, avec tous les droits y afférents. La donation était faite non seulement à Mazarin, mais à ses hoirs et à ses ayants cause.

Le cardinal donna ces terres à sa nièce, la belle Hortense Mancini, qui épousa Charles-Armand de La Porte, duc de Meillerayo, et celui-ci, dont je viens de parler, prit le titre de duc de Mazarin; puis ces belles régions échurent, à la fin du dix-huitième siècle, au comte de Grimaldi, prince héréditaire de Monaco, qui les possédait à la veille de la Révolution.

Au même duc de Mazarin, nommé landvogt et gouverneur, furent donnés les quarante villages autour de Haguenau, qui, plus tard, furent érigés en fief héréditaire en faveur des familles de Châtillon et de Choiseul. Ces seigneurs, italiens ou français, choisissaient les fonctionnaires locaux dans les anciens territoires autrichiens ou d'Empire. Le Roi, c'est-à-dire l'État, ne garda en propre en Alsace que la ville d'Ensisheim et le territoire des forteresses élevées par Vauban : Huningue, Landscron, Fort-Louis, et, après 1697, Neuf-Brisach, érigé tout d'une pièce, en face de Brisach restitué à l'Allemagne et devenu Vieux-Brisach. Entre l'Alsace et la France s'interposait partout le seigneur local, non pas le seigneur féodal comme dans beaucoup de villages de France, mais un seigneur ayant gardé beaucoup d'attributions qui en France étaient considérées comme des attributions de la souveraineté.

Sous l'autorité du seigneur féodal ou du Magistrat des villes, la vie locale se poursuivait en Alsace après 1648, et le changement de domination s'apercevait à peine. Les habitants, dans l'intérieur de ces États, conservèrent leurs coutumes et leur langue. Jusqu'à la Révolution, un allemand se rapprochant du dialecte alsacien resta la langue des tribunaux inférieurs. Cet allemand seul était enseigné dans les écoles, et si, par hasard, un mot de français était prononcé dans une classe ou au catéchisme, il résonnait comme une fausse note et excitait l'hilarité. Le paysan alsacien ne sait pas écrire le français. Sur les cahiers des États généraux, en 1789, sur les registres de vote de la Révolution et de l'Empire, il signe en caractères gothiques. Dans les collèges, l'enseignement se donne en latin et il en était de même à l'Université de Strasbourg qui, au dix-huitième siècle, jeta un vif éclat.

Le français, que l'Alsacien n'apprend pas dans son village, il ne l'apprend pas davantage au régiment. L'armée se compose de volontaires. L'Alsacien, brave, aimant la guerre, s'y engage ; il mêle son sang à celui des autres Français à Fontenoy, à Raucoux, Lawfeld et Crefeld, en Amérique ; mais les régiments où il sert sont surtout des régiments allemands : c'est Royal-Allemand, Royal-Deux-Ponts, Royal-Nassau. Au régiment comme au foyer paternel, l'Alsacien parle son dialecte. Il n'est point devenu Français par suite d'une pression exercée sur lui par l'école ou l'armée.

Au point de vue économique même, l'Alsace poursuit sa vie propre. La barrière douanière se dresse à l'ouest, du côté de la Lorraine, au sud, du côté de la Franche-Comté, non à l'est, du côté du Rhin. L'Alsace est dite « province d'étranger effectif ».

L'ALSACE S'EST DONNÉE A LA FRANCE

La France n'a point violenté l'Alsace, et il s'est trouvé que cette politique a été la plus habile. L'Alsace a su gré à la France de sa tolérance et s'est attachée à elle. Pourquoi faut-il que cette tolérance n'ait pas été complète? Le Gouvernement de Louis XIV a certainement été fort dur envers les protestants d'Alsace, ceux-là mêmes qui avaient appelé les Français dans le pays. Contrairement à ce qu'on dit d'ordinaire, l'édit de Nantes n'a jamais été appliqué en Alsace, et il ne pouvait pas l'être en vertu même de la paix de Munster. Le traité forçait Louis XIV à bannir des États autrichiens qu'il annexait toutes les nouveautés religieuses qui s'y étaient glissées pendant la guerre de Trente ans, et Louis XIV tint parole; de ces pays il extirpa toutes les traces du protestantisme que les colonels suédois avaient favorisé lors de leur occupation. En revanche, dans les États alsaciens protestants, Louis XIV sollicita et encouragea les conversions des habitants, obligea les luthériens à partager leur église avec les catholiques, ne toléra que des baillis catholiques. Dans les villages alsaciens, il n'y eut qu'un fonctionnaire nommé et payé directement par l'État ; ce fut, dans les territoires protestants, le curé royal, et ce curé, Louis XIV le demanda, au début du moins, au séminaire allemand de Fulda.

II

Raisons de la fusion de l'Alsace et de la France. — La France crée l'Alsace, elle assure sa défense, elle développe son industrie, lui fait connaître une meilleure justice : elle prend la défense de l'Alsacien contre son seigneur. — Charme de la civilisation française. — L'art français en Alsace.

Et pourtant, les Alsaciens de toutes les confessions, ces Alsaciens qui continuaient de parler allemand, qui entretenaient avec l'Allemagne de quotidiennes relations commerciales, vont se donner, entièrement et sans aucune restriction, à la France. Fort diverses sont les raisons de cet attachement.

Sous le régime français, il y eut, malgré tout, un changement et un changement d'importance. Par-dessus tous ces États et seigneuries, la France créa une province ; elle rendit au pays morcelé son admirable unité telle que l'avait faite la géographie. L'Alsace moderne est une création de la France.

Au temps où elle relevait de l'Empire germanique, l'Alsace avait été sans cesse ravagée : par les « Anglais », les « Écorcheurs », les « Armagnacs », Mansfeld, les Suédois. La France assura sa défense ; Turenne, Condé, Créqui, Villars, Noailles, surent repousser les incursions des Allemands, et Vauban, par la construction de ses places fortes, veilla à la sécurité du pays.

Avant 1648, personne ne prenait souci des intérêts généraux de l'Alsace ; la France les découvrit et s'en inspira. Quelques-uns de ses intendants, Charles Colbert, frère de celui qui sera le grand Colbert, Lagrange, d'Angervillers, furent d'admirables administrateurs. Ils rendirent à l'Alsace son ancienne prospérité. Après les terribles ruines causées par la guerre de Trente ans, ils y appelèrent des colons, firent mettre en culture les champs en friche. Les belles forêts des Vosges furent de nouveau exploitées pour les vaisseaux de Colbert et de Seignelay. Des routes nouvelles sillonnèrent le pays; des canaux y furent creusés. Au dix-huitième siècle, au fond des vallées, naquit et se développa l'industrie. L'Alsace s'enrichit; la population s'accrut : de 245.000 âmes en 1648, elle s'éleva à 700.000 à la veille de la Révolution.

Mais, surtout, l'Alsacien, grâce au Conseil supérieur, connut sous le régime français une meilleure justice. Un écrivain de sentiments allemands, Ichtersheim, écrivit dans sa *Topographie d'Alsace* parue en 1710 : « Le Conseil fait régner une justice stricte. Les procès ne durent pas longtemps. On voit le sujet gagner son procès contre le seigneur, le pauvre contre le riche, le serviteur contre son maître, le laïque contre le clerc, le chrétien contre le juif. » En Allemagne, paraît-il, le juif gagnait presque toujours son procès contre le chrétien, et toujours le seigneur contre son sujet !

De ce côté-ci du Rhin, au contraire, l'intendant et le Conseil supérieur prennent la défense de l'habitant contre les seigneurs qui l'exploitent. Tous ces seigneurs, que nous avons énumérés, cessèrent bientôt de rendre aucun service au pays, s. . lequel veillait l'Administration française; et à eux, il fallait continuer de payer les droits féodaux, la dîme qu'ils avaient bien souvent usurpée sur l'église, des redevances sur tous les produits du sol et de l'industrie. Et justement, aux dix-septième et dix-huitième siècles, beaucoup d'anciennes familles seigneuriales d'Alsace, qui avaient leurs racines dans le pays, s'éteignirent; elles y furent remplacées, au hasard des mariages, par des seigneurs venus de l'autre côté du Rhin.

En 1673, mourut le dernier des Ribaupierre, le comte Jean-Jacques. Comme on tarda à lui faire des funérailles, suivant la méthode de ce temps, on fut surpris par l'arrivée de Louis XIV à Ribeauvillé; on fourra dès lors, pour faire place à la Cour, l'auguste mort dans une armoire, et la grande Mademoiselle fut sur le point de mourir de frayeur en apprenant, au matin, en quel macabre voisinage elle avait dormi.

Déjà, en 1480, s'était éteinte la dynastie alsacienne des comtes de Lichtenberg, et un mariage avait apporté leurs États à la maison allemande de Hanau, mais au moins les Hanau-Lichtenberg devinrent Alsaciens de cœur; mais voici que cette dynastie elle-même disparaît en 1736.

Aux Ribaupierre succèdent des princes allemands, les Birkenfeld, puis les Deux-Ponts; aux Hanau-Lichtenberg, les Hesse-Darmstadt, et c'est dès lors pour ces princes étrangers, qui ne résident plus en Alsace, qui n'y ont plus de tout, qui n'y distribuent plus aucune charité, que les Alsaciens peinent ; avec le produit du travail des Alsaciens, ils construisent leurs châteaux en Allemagne, ils entretiennent leurs maîtresses, ils font toutes leurs folies, et quels fantoches que certains de ces princes, comme ce Louis IX de Hesse — un ancêtre de Guillaume II — qui rassemble à Pirmasens, au nord de l'Alsace, les plus beaux grenadiers qu'il peut trouver, construit pour eux un *exercierhaus* où, en cas de mauvais temps, tout le régiment peut manœuvrer, et entoure la ville, au milieu d'un désert, d'un mur énorme qui empêche la désertion de ces soldats. Contre ces seigneurs locaux, il se fait une alliance entre le roi de France et le peuple alsacien, l'ancienne alliance médiévale du Roi et du Tiers Etat, et la France en devient plus chère aux Alsaciens.

Mais les raisons de leur attachement à la France sont encore plus profondes. Ils se laissèrent gagner par le charme de tout ce qui vient de la France, par les qualités supérieures de la culture française.

L'Alsacien a l'esprit droit et juste; la France lui apporta la grâce et l'aisance. Il fut séduit et conquis. Dès le milieu du dix-septième siècle, un voyage à travers la France, un séjour à Paris, furent regardés comme le complément de toute bonne éducation : la noblesse et la bourgeoisie alsaciennes s'initièrent aux manières françaises, parlèrent le français de façon correcte. Ils étaient fiers de montrer leurs progrès en langue française, comme ce bailli de Châtenois, qui, lors du voyage de Louis XIV de 1673, caracolait autour du carrosse du Roi, de celui de la grande Mademoiselle, et demandait, avec un peu d'insistance, des nouvelles de M. de Lauzun.

Bientôt l'Alsacien lit les livres français, s'initie aux chefs-d'œuvre de la littérature française ; il compare avec ce qu'il sait de l'Allemagne, et il reste émerveillé. Il admire à Strasbourg, à Saverne, ailleurs encore, les nouveaux monuments français, d'une distinction si élégante dans leur sobriété ; et nous, nous nous sommes arrêtés devant les constructions colossales de l'Allemagne et nous avons dit : « Comme c'est laid ! »

Si les Alsaciens ont mis au service de la France toute leur activité, toute leur intelligence, toute leur âme, combien davantage ils ont reçu d'elle ! et comment trouveraient-ils des termes assez forts pour exprimer à la France leur profonde reconnaissance ?

Dès le dix-huitième siècle, un professeur de l'Université de Strasbourg, l'historien de l'Alsace, Jean-Daniel

Schœpflin, s'était fait, en une heure solennelle, leur interprète lorsqu'il s'écria : « La nature a été prodigue envers l'Alsace ; mais parmi tous les biens dont l'Alsace a été comblée, je regarderai comme le plus grand que, gauloise par ses origines, elle soit revenue à la France. »

III

L'Alsace et la Révolution. — Les États alsaciens disparaissent. — Manifestations françaises. — La « Marseillaise ». — L'épopée impériale. — Protestations de fidélité à la France au cours du dix-neuvième siècle. — État de l'Alsace en 1870.

La fusion de l'Alsace et de la France était commencée sous l'ancien régime; la Révolution l'acheva et scella l'œuvre. L'Alsace de 1789 ne se trouvait pas encore assez française; elle voulait être française, sans qu'aucun État particulier s'interposât entre elle et la France. Elle réclama la disparition de toutes ces seigneuries féodales qui morcelaient le pays, comme celle de ces antiques constitutions urbaines qui, par un roulement régulier, accordaient le pouvoir à certaines familles privilégiées sans contact avec le peuple. « Les Alsaciens demandent à être régis comme les autres citoyens du royaume », écrvent les habitants de Schlestadt dans leurs « cahiers ». Les habitants de la vallée de Saint-Amarin qui sont sujets de l'abbaye de Murbach sont réunis le dimanche 26 juillet à la chapelle de Saint-Marc sur le territoire de Malmerspach. Un courrier arrive et annonce la prise de la Bastille. Aussitôt l'émeute gronde ; la foule se porte sur Guebwiller où résident les chanoines de Murbach ; elle commet des excès blâmables ; mais que demande-t-elle avant tout ? « La soumission directe du bailliage de Saint-Amarin à la France. »

L'Assemblée nationale donne bientôt satisfaction aux Alsaciens ; elle abolit les droits féodaux ; elle renvoie en Allemagne les princes allemands et le prince de Grimaldi à Monaco ; l'abbé de Murbach et l'évêque de Strasbourg émigrent de l'autre côté du Rhin, et ces départs sont pour la population un grand soulagement. Les princes « possessionnés » crient à la violation des traités, remplissent l'Allemagne de leurs clameurs. Pour soutenir leurs prétentions, Prusse et Autriche se réconcilient et menacent la France. C'est pour l'affranchissement de l'Alsace que, sous le commandement de l'Alsacien Kellermann, tonne le canon de Valmy.

L'Alsace cesse alors d'être une mosaïque d'États ; elle forme deux départements français, le Bas-Rhin et le Haut-Rhin. La barrière douanière entre l'Alsace et le reste de la France tombe ; une nouvelle barrière se dresse du côté du Rhin. Rien ne distingue plus l'Alsace des autres pays français, rien, sinon peut-être l'ardeur de son patriotisme.

Désormais une même loi remplace les coutumes archaïques ; plus de privilèges, mais la liberté des citoyens ; plus de distinctions entre catholiques et protestants, mais la liberté de conscience et toutes les libertés. Avec la France entière l'Alsace répète ces mots de : Liberté, Égalité, Fraternité, et ceux qui, dans la sincérité de leur cœur, ont prononcé ensemble ces mots, sont unis d'un lien qu'aucune force ne saurait plus briser. Comment leurs descendants pourraient-ils accepter le joug de hobereaux étrangers, engoncés dans leurs préjugés de caste, d'un Empereur qui associe Dieu — le Dieu de justice et de miséricorde — à ses ambitions et à ses crimes ?

Comme l'Alsace se sent fière d'être française ! Le 13 juin 1790, la garde nationale de Strasbourg qui a organisé l'une des premières fédérations plante fièrement sur les bords du Rhin, face à l'Allemagne, le drapeau tricolore avec cette inscription : « Ici commence le pays de la Liberté. »

Pour défendre cette liberté menacée, les volontaires se lèvent en masse dans les deux départements alsaciens. C'est à Strasbourg, dans les salons du maire Dietrich, que fut chantée pour la première fois, le jeudi 26 avril 1792, la *Marseillaise*; et quand l'Alsace fut envahie, à la fin de 1793, elle tressaillit tout entière et applaudit à la victoire de Hoche sur le Geissberg qui domine Wissembourg.

Puis vint la grande épopée militaire; l'Alsace est la province de France qui lui fournit le plus de soldats, le plus de généraux. Ces généraux sont sortis parfois de la condition la plus humble, ils sont du peuple, et le peuple en est fier. Qui ignore les noms de Kellermann, de Kléber, de Rapp, de Lefebvre et de tant d'autres? L'Alsace, pays de frontières, est éblouie de cette gloire, et quand, en 1814 et en 1815, les Allemands réclament la réunion des « frères séparés », elle répond par un ricanement : elle n'a d'autres frères que les Français, et elle proteste avec véhémence contre la cession à la Bavière de Landau, membre de l'ancienne Décapole.

Pendant toute la période de 1815 à 1870, la fidélité de l'Alsace à la patrie française n'a été démentie par aucun acte, par aucune parole. Sous les divers régimes qui se sont succédé, l'Alsace a envoyé aux Chambres françaises des représentants d'opinions politiques différentes ; mais tous ont été d'accord pour affirmer l'entier dévouement du pays à la France. Disons, à l'honneur de la France, que jamais il ne s'est trouvé dans son Parlement un député qui ne fût fier de sa qualité de Français.

Mais, parce que l'Alsace sentait toujours sur elle la convoitise et la menace des Allemands, elle a multiplié ses protestations de fidélité à la France.

Quand, en 1840, la guerre faillit éclater entre la France et la Prusse, quand Becker eut composé sa chanson : *Le Rhin allemand*, elle rappela que le fleuve limitait la Gaule et qu'il limite la France. Dans tous les congrès qui réunissaient à Strasbourg les savants de toutes les nations, les maires de la ville déclarèrent que la France était la mère patrie et que pour cette patrie les Alsaciens étaient prêts à donner leur vie.

Quand, en 1848, dans l'effervescence causée par la Révolution de février, on célébra le deux centième anniversaire de la réunion de l'Alsace à la France, quand à Strasbourg, sur la place Broglie, fut posée la première pierre d'un monument commémoratif, le maire de la ville, Ed. Kratz s'écria : « Le monument dont nous confions les premières assises à cette terre intimement soudée au sol français, dira à nos arrière-neveux que leurs pères ont béni en ce jour, à la face du ciel, la destinée qui depuis deux siècles leur a donné une grande et noble patrie. »

Au cours de ce dix-neuvième siècle, l'Alsace s'est fondue de plus en plus dans la France. Ses savants, qui d'abord ont écrit en allemand et en latin, puis en allemand et en français, n'écrivent plus qu'en français. Le français est désormais la langue de toute la bourgeoisie, celle du commerce; il se répand dans les campagnes; les livres que demande la jeunesse aux bibliothèques populaires créées par Jean Macé, sont des livres français. En 1870, tout Alsacien, même dans les villages, comprend le français et commence à le parler. Encore quelques années, tout Alsacien eût couramment parlé français, et par les efforts qu'il fait pour l'apprendre, le plus humble des villageois veut témoigner son attachement à la mère patrie.

IV

Annexion de l'Alsace à l'Allemagne. — Ses protestations. — Fidélité gardée à la France. — Persécutions subies pour elle. — La guerre de 1914. — Que cette guerre ne peut se terminer que par le retour de l'Alsace à la France. Post-scriptum.

L'Alsace avait vécu avec la France près de deux cent cinquante années, partageant avec elle les bons et les mauvais jours, les triomphes et les revers. Elle avait fait avec elle un long voyage. Mais voici que le vaisseau qui les porte menace naufrage ; la tempête le bat de tous côtés ; il est sur le point d'être englouti ; il faut jeter du lest. Alors sont précipités par-dessus bord Alsaciens et Lorrains. Pourtant ceux-ci ne récriminent pas contre la France qui est contrainte de les abandonner ; ils éprouvent même ce sentiment d'amère satisfaction que donne l'entier sacrifice de soi-même pour un être profondément aimé, pour la France chérie. Ils savent que, sous un joug étranger, ils vont endurer de grands maux ; mais ils savent aussi que, grâce à leurs souffrances, la France pourra se ressaisir, panser les blessures de la guerre, reprendre sa place parmi les grandes nations. Tout leur ressentiment va aux Allemands qui en leur personne ravalent la dignité humaine, qui font d'eux trafic comme d'un troupeau.

A ce moment, les députés alsaciens et lorrains, envoyés à l'Assemblée de Bordeaux, interprètes fidèles de la population qu'ils représentent, tout en protestant contre la cession de leur pays à l'Allemagne, jurent de conserver à la France une filiale affection : ce serment, c'est l'inviolable serment. Nous pouvons affirmer devant Dieu et les hommes que, au bout de quarante-sept ans, il a été fidèlement tenu et par les anciennes générations qui l'ont prononcé et par leurs jeunes descendants qui se sont déclarés solidaires de la parole donnée par leurs pères.

❦

Jamais l'Alsace n'a voulu reconnaître son annexion à l'Allemagne. Elle protesta contre elle quand, en 1874, elle fut appelée à nommer pour la première fois ses députés au Reichstag; quand, en 1887, elle chargea ses quinze représentants de voter contre de nouveaux crédits militaires; quand, le 7 mai 1897, Jacques Preiss affirma à la tribune de l'Assemblée que la déclaration de Bordeaux gardait sa valeur pleine et entière. Jamais l'Alsace-Lorraine ne s'est ralliée à la domination allemande. Et ces mêmes Alsaciens-Lorrains, qui repoussaient l'Allemagne, n'ont cessé de témoigner de leur profond attachement à la France.

Près d'un demi-million d'entre eux, pour demeurer Français, ont quitté leur beau pays, leurs champs, leurs affaires, le cimetière où dorment leurs ancêtres. Ceux qui restèrent — et ils firent bien — en conservant l'Alsace-Lorraine aux Alsaciens et aux Lorrains, l'ont conservée à la France : ils ont entretenu et attisé la flamme qui brûlait à chaque foyer. Dans les familles bourgeoises, ils ont gardé la langue française comme un dépôt sacré ; ils se sont attachés à la culture française, qui était pour eux une garantie d'indépendance et de dignité ; ils ont élevé à Noisseville et à Wissembourg des monuments aux soldats morts pour la France, et l'orateur alsacien put s'écrier, le 17 octobre 1909 à Wissembourg : « Soldats français, vous dont les corps sont tombés en poussière dans notre terre d'Alsace, vous n'êtes pas morts en vain. Votre exemple nous a fait des cœurs plus forts et des âmes plus viriles. »

Pour s'être élevés contre leur annexion à l'Allemagne, pour avoir conservé le souvenir de la France, les Alsaciens et les Lorrains ont subi des persécutions, tour à tour violentes et tracassières.

L'Allemagne a interdit l'enseignement du français dans les écoles primaires et les enseignes françaises. Elle a voulu élever entre la France et l'Allemagne une véritable muraille de Chine; à un certain moment, de 1888 à 1892, nul Français, nulle personne ne pouvait plus franchir la frontière de l'Alsace-Lorraine sans montrer un passeport visé par l'ambassade allemande à Paris, et ce visa était systématiquement refusé à toute personne suspecte. Le fils établi en France ne pouvait venir embrasser son père sur son lit de mort ni assister à ses funérailles. Un grand orateur, Jaurès, a dit en termes magnifiques : « Vous bâtissez un mur dans l'épaisseur de la forêt, à travers les grands arbres. Les racines se rejoignent dans le sol et les branches dans les airs. La forêt n'a qu'une âme. »

Oui, l'Alsace-Lorraine et la France n'ont qu'une âme. Les idées françaises continuaient de se répandre en Alsace-Lorraine; le vent soufflait toujours de l'ouest par-dessus les Vosges et balayait les miasmes délétères.

Et dans l'Alsace-Lorraine la police continuait de veiller; l'inquisition était à tous les foyers; de nombreux procès étaient intentés sous prétexte de crime de lèse-majesté : des condamnations sévères étaient prononcées.

Le militarisme régnait triomphant; un petit lieutenant put insulter à Saverne, à la fin de 1913, l'Alsace tout entière, en appelant les Alsaciens des voyous. Ces persécutions et ces injures n'eurent qu'un résultat : rattacher davantage Alsaciens et Lorrains à la France.

Mais voici que tout d'un coup, en

août 1914, l'Allemagne déclare la guerre à la France. Cette guerre n'a point éclaté pour l'Alsace-Lorraine, mais à la suite d'un féroce ultimatum lancé par l'Autriche-Hongrie à la Serbie. Ce fut pour l'Alsace-Lorraine comme un soulagement qu'elle n'ait point été la cause directe de cette lutte dont elle prévoyait les horreurs et qui posait pour chacun de ses habitants de terribles cas de conscience. Quelle famille du pays n'a des parents, des enfants dans les deux armées en présence? Le frère doit tirer sur le frère, le frère doit tuer le frère.

Pourtant, quoi qu'on fasse, la guerre a posé devant la conscience publique et devant le monde la question d'Alsace-Lorraine. Elle ne saurait se terminer que par le retour des deux provinces à la mère patrie.

Jadis la France s'est précipitée sur l'Orient pour soustraire Jérusalem, berceau du christianisme, au joug des Turcs : ce furent les croisades et la délivrance des lieux saints. Or, l'Alsaco-Lorraine est devenue pour la France un lieu saint et pour la fidélité qu'elle lui a gardée, pour les souffrances qu'elle a endurées pendant quarante-quatre ans, pour celles plus atroces qu'elle a endurées pendant cette guerre, que nous devinons et dont nous connaîtrons plus tard seulement le détail.

En revendiquant l'Alsace-Lorraine, la France ne fait du reste que revendiquer son bien; ne sont-elles pas deux provinces où palpite l'âme de la France, ne sont-elles pas la France elle-même? La captivité de Saint-Quentin, de Lille, de Douai a duré quatre ans, celle de Metz et de Strasbourg a duré quarante-quatre ans de plus. Mais la question de l'Alsace-Lorraine est encore plus haute: elle est une question de Droit et de Justice.

L'ALSACE S'EST DONNÉE A LA FRANCE

La France revendique l'Alsace-Lorraine au nom d'un principe, celui qui reconnaît aux peuples le droit de disposer d'eux-mêmes; les peuples doivent être souverains comme les individus doivent être libres. Et voilà pourquoi toutes les nations libérales qui reconnaissent ce principe se sont rangées du côté de la France.

En combattant, dans cette guerre qui lui a été imposée, pour l'Alsace et la Lorraine, la France combat pour toutes les victimes d'injustice, pour la Serbie, la Belgique, la Pologne, Trente et Trieste, les Tchéco-Slovaques, les Yougo-Slaves, le Slesvig.

La question d'Alsace-Lorraine grandit et s'élève ainsi à la hauteur d'un symbole, celui de l'affranchissement de tous les peuples opprimés. Le jour où elle sera résolue, l'humanité tout entière respirera librement et une ère nouvelle luira sur le monde.

POST-SCRIPTUM

Cet article était écrit en septembre 1918, et nous lui laissons sa forme primitive. Depuis, l'armistice a été signé, le 11 novembre, jour de la Saint-Martin, patron de la France. La guerre a reçu sa seule solution logique : l'Alsace-Lorraine redevient française. La joie que les Alsaciens-Lorrains ont témoignée, l'accueil qu'ils ont fait aux troupes françaises, au Président de la République, au Président du Conseil, à ceux des deux Chambres, ont prouvé à la face du monde quels étaient leurs vrais sentiments. Longtemps comprimés, ces sentiments ont éclaté au grand jour avec une force irrésistible, en des élans d'allégresse et d'enthousiasme. Toutes les classes sociales manifestaient à l'envi. Un fonctionnaire allemand dut avouer au fonctionnaire français qui venait le remplacer que quatre-vingt-dix-huit Alsaciens sur cent étaient attachés à la France ; et ce dernier de répondre : « Nous sommes d'accord, à deux unités près. »

TABLE DES MATIÈRES

Pages

TABLE DES MATIÈRES

IMPRIMÉ

LE SIX MAI MIL NEUF CENT DIX-NEUF

PAR BERGER-LEVRAULT

A NANCY

PUBLICATIONS

SUR

L'ALSACE ET LA LORRAINE

Les Alsaciens-Lorrains en France pendant la Guerre. 60 c.

ARDOUIN-DUMAZET. — **Les Provinces perdues.**

— **I. Haute-Alsace. Avec 22 cartes.**

— **II. Basse-Alsace. Avec 29 cartes.**

— **III. Lorraine. Avec 29 cartes.**

Chaque volume. . . . . 1 fr. 50

ARMBRUSTER (L.). — **Un Poète alsacien, Georges Spetz** . . . . 90 c.

BAUTY (Ed.). — **En Alsace reconquise.** *Impressions du Front.* Avec 10 photographies. . . . . 2 fr. 20

BLEICHER (G.). — **Guide du Géologue en Lorraine.** *Meurthe-et-Moselle, Vosges, Meuse.* Avec 14 figures et 2 planches . . . . 4 fr. 50

CHANTRIOT (Émile). — **La Champagne.** *Étude de géographie régionale.* Avec 30 illustrations et 31 planches et cartes . . . . 9 fr. 60

— **Les Provinces perdues,** *d'après Ardouin-Dumazet.* 1 fr. 20

— **L'Administration des départements envahis en 1870-1871.** . . . . 1 fr. 50

Les Communes de l'Alsace-Lorraine. Répertoire alphabétique avec l'indication de la dépendance administrative. — I. *Nomenclature française.* — II. *Nomenclature allemande* . . . . 4 fr. 50

DENIS (P.). — **Ligier Richier, l'artiste de Saint-Mihiel, et son œuvre.** Avec 41 illustrations et 51 planches. 36 fr.

BERGER-LEVRAULT, ÉDITEURS

PARIS, 5-7, rue des Beaux-Arts — rue des Glacis, 18, NANCY

DIETERLEN (Pierre). — Gustave Steinheil (1818-1906). Avec portrait . . . . 3 fr.

DE DIETRICH (Albert). — Alsaciens, corrigez votre accent . . . . 3 fr.

DORIZY (Henry). — Les Champs de Bataille de 1870 (*Wissembourg, Fræschwiller, Rezonville, Saint-Privat, Borny-Noisseville, Sedan*). Avec 122 photographies et 10 cartes. . . . . 1 fr. 50

FLORENT-MATTER. — L'Alsace-Lorraine pendant la Guerre. — Les Alsaciens-Lorrains contre l'Allemagne. . . . . 6 fr.

FRISCH (Colonel R.-J.). — La Guerre dans les Vosges et en moyenne montagne. *Principes et données pratiques.* Relié en percaline . . . . 1 fr. 75

FROELICH (Jules). — Le Pangermaniste en Alsace. Avec 16 dessins par HANSI. 12e mille. . . . . 1 fr.

— Le Délire Pangermanique. *Documents authentiques,* traduits, annotés et commentés. Avec 27 dessins par ZISLIN. 2e mille . . . . 4 fr. 50

— L'Esprit alsacien. 2e mille . . . . 2 fr.

— Der Hans im Schnookeloch, un was er vun de Schwowe denkt. . . . . 2 fr.

— Jean du Trou-aux-Cousins et ce qu'il pense des Boches . . . . 2 fr.

GEIS (A.). — D'r Gendarm Schneidig. *Sine Läwes-Liewes-un Lidensgschichte im Elsass.* Illustriert vo ZISLIN. 2 fr. 20

— Le Gendarme Schneidig et ses mésaventures en Alsace. Traduit de l'alsacien par Jules FROELICH. Préface du traducteur. Avec 48 dessins par ZISLIN. . . . . 3 fr. 50

DE GRAILLY (F.). — La Vérité territoriale et la Rive gauche du Rhin . . . . 4 fr. 50

GRÉAU (E.) — Le Fer en Lorraine. Avec 63 gravures et 4 cartes . . . . 12 fr.

— Le Sel en Lorraine. Avec 26 gravures et une carte. . . . . 6 fr.

HANIEL. — Schnäkkedänz. *Gspass un Ernscht 1914-1918.* Avec 63 illustrations . . . . 7 fr. 20

BERGER-LEVRAULT, ÉDITEURS

PARIS, 5-7, rue des Beaux-Arts — rue des Glacis, 18, NANCY

PAWLOWSKI (Auguste). — Le Nouveau Bassin minier de Meurthe-et-Moselle et son réseau ferré. Avec 20 gravures et une carte . . . . 3 fr. 60

DE POUVOURVILLE (A.) — Jusqu'au Rhin. *Les Terres meurtries et les Terres promises* . . . . . . 4 fr. 50

PFISTER (Christian). — Comment et pourquoi l'Alsace s'est donnée à la France . . . . 2 fr.

— Comment et pourquoi la république de Mulhouse s'est donnée à la France. . . . . 2 fr.

REINACH (Joseph). — L'Alsace-Lorraine devant l'Histoire. . . . . 90 c.

SCHULER (Th.). — Les Bûcherons et les Schlitteurs des Vosges. 40 dessins originaux sur pierre. . . 11 fr. 40

Société industrielle de Mulhouse. — Histoire documentaire de l'Industrie de Mulhouse et de ses environs au dix-neuvième siècle. *Enquête centennale.* Avec 261 illustrations, 46 planches et cartes en phototypie hors texte . . . . 48 fr.

WAGNER (Émile). — Les Ruines des Vosges. Deux volumes avec 112 photographies. — I. *Partie septentrionale.* — II. *Partie méridionale.* Chaque volume. 4 fr. 50

WELSCHINGER (Henri). — La Protestation de l'Alsace-Lorraine le 17 février et le 1er mars 1871 à Bordeaux. Nouvelle édition, considérablement augmentée. 3 fr. 60

— Le Retour de l'Alsace-Lorraine à la France . 1 fr. 25

ZISLIN (H.). — L'Album Zislin. *Dessins satiriques de guerre.* 64 planches dont 36 en couleurs, en portefeuille percale . . . . 21 fr.

Usages et Costumes d'Alsace. 21 cartes postales en couleurs, par Paul KAUFFMANN. La collection sous pochette . . . . 4 fr.

Bûcherons et Schlitteurs des Vosges. 12 cartes postales d'après les lithographies de Théophile SCHULER. La collection, sous pochette illustrée. . . . . 1 fr.

NANCY, IMPRIMERIE BERGER-LEVRAULT — Janvier 1919

www.ingramcontent.com/pod-product-compliance
Lightning Source LLC
LaVergne TN
LVHW020449230826
846091LV00004B/1622

* 9 7 8 2 0 1 3 6 2 8 7 8 5 *